mommy

мама

mama

daddy

тато

tato

boy

хлопчик

khlopchyk

girl

дівчинка

divchynka

1

one

один
odyn

2

two

два
dva

3

three

три
try

4

four

чотири
chotyry

5

five

п'ять
p'iat

6

six

шість
shist

7

seven

сім
sim

8

eight

вісім
visim

9

nine

дев'ять
dev'iat

10

ten

десять
desiat

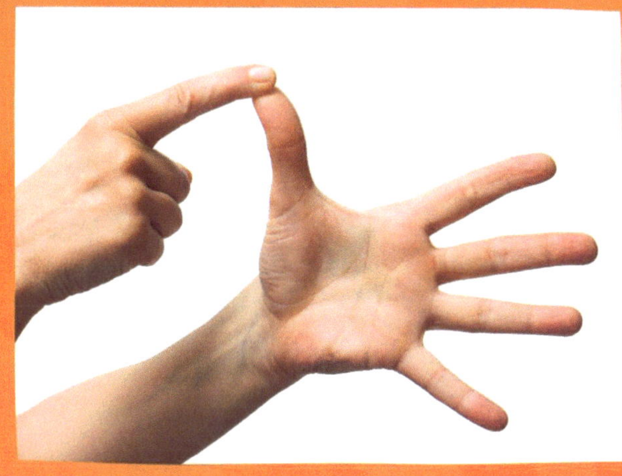

count

рахувати
rakhuvaty

write

писати
pysaty

draw

малювати
maliuvaty

paint

фарбувати
farbuvaty

circle

коло
kolo

square

квадрат
kvadrat

rectangle

прямокутник
priamokutnyk

triangle

трикутник
trykutnyk

star

зірка
zirka

black

чорний
chornyi

white

білий
bilyi

brown

коричневий
korychnevyi

red

червоний
chervonyi

blue

синій
synii

yellow

жовтий
zhovtyi

green

зелений
zelenyi

purple

фіолетовий

fioletovyi

gray

сірий

siryi

orange

помаранчевий

pomaranchevyi

pink

рожевий

rozhevyi

apple

яблуко
iabluko

banana

банан
banan

pineapple

ананас
ananas

watermelon

кавун
kavun

pear

груша
hrusha

grapes

виноград
vynohrad

mango

манго
manho

peach

персик
persyk

strawberry

полуниця
polunytsia

cherry

вишня
vyshnia

orange

апельсин
apelsyn

coconut

кокосовий горіх
kokosovyi horikh

lemon

лимон
lymon

mushroom

гриб
hryb

corn

кукурудза
kukurudza

tomato

помідор
pomidor

pumpkin

гарбуз
harbuz

cucumber

огірок
ohirok

carrot

морква
morkva

potato

картопля
kartoplia

zucchini

Кабачок-цукіні

Kabachok-tsukini

spinach

шпинат

shpynat

cauliflower

цвітна капуста

tsvitna kapusta

egg

яйце

iaitse

plate

тарілка
tarilka

spoon

ложка
lozhka

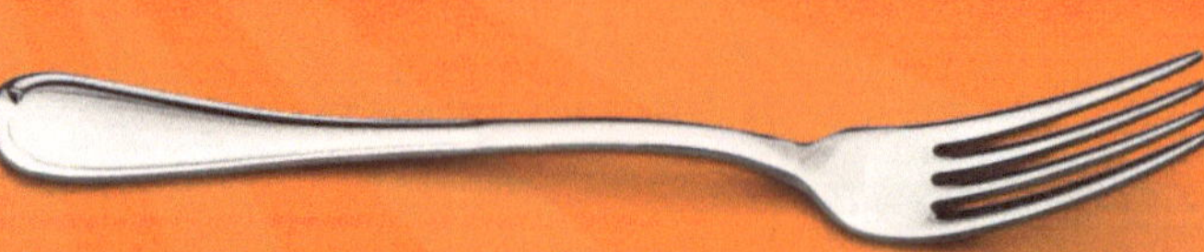

knife

ніж
nizh

fork

виделка
vydelka

cake

тістечко
tistechko

baby bottle

дитяча пляшечка
dytiacha pliashechka

candies

цукерки
tsukerky

cheese

сир
syr

drink

пити
pyty

eat

їсти
isty

hot

гарячий
hariachyi

cold

холодний
kholodnyi

small

маленький
malenkyi

big

великий
velykyi

 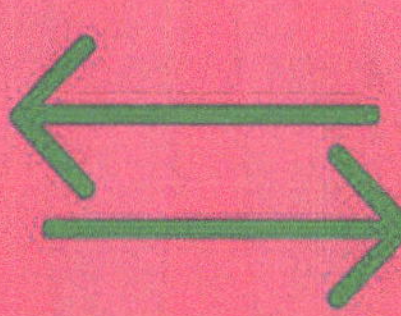

short

короткий
korotkyi

long

довгий
dovhyi

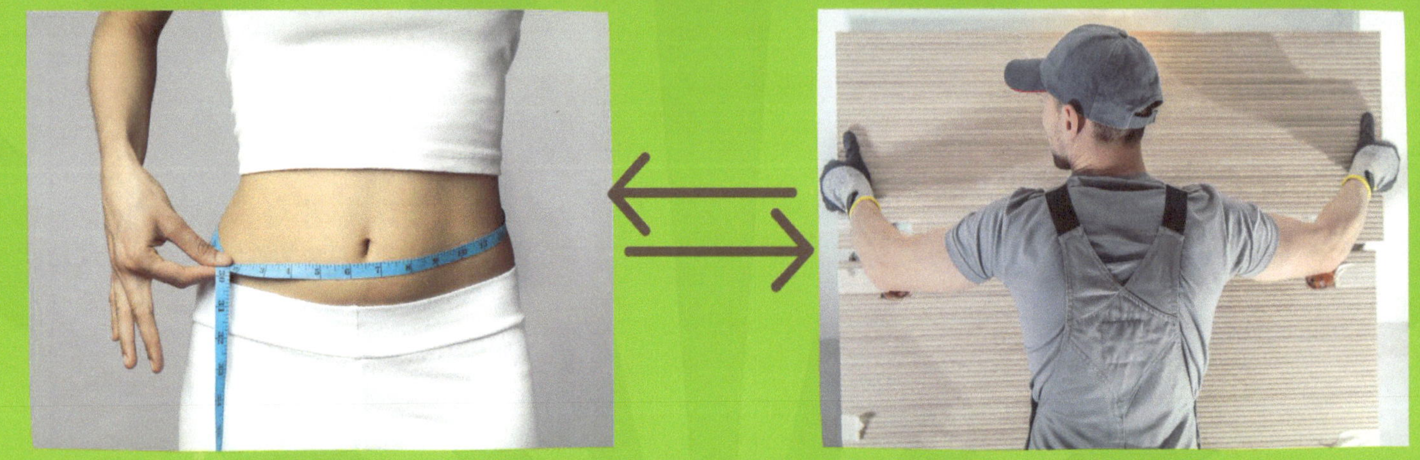

thin

тонкий
tonkyi

large

великий
velykyi

easy

легкий
lehkyi

difficult

важко
vazhko

stand up

встати
vstaty

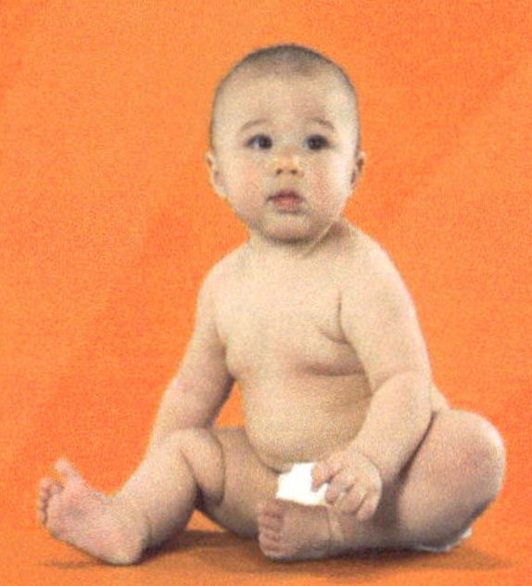

sit down

сідати
sidaty

sweet

солодкий
solodkyi

salty

солоний
solonyi

heavy

важкий
vazhkyi

light

легкий
lehkyi

in

всередині
vseredyni

out

поза
poza

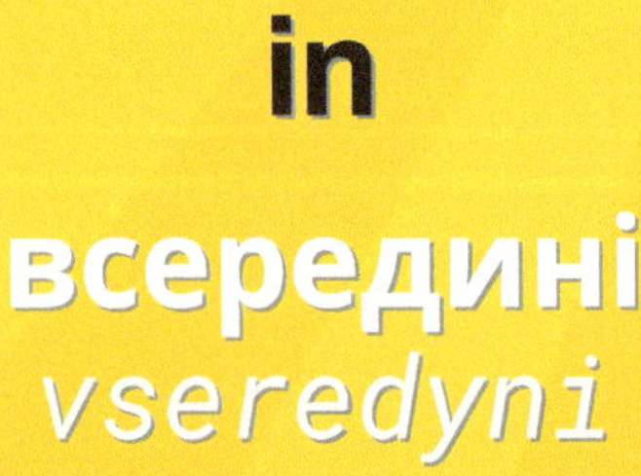

dirty

брудний

brudnyi

clean

чистий

chystyi

close

закритий

zakrytyi

open

відкритий

vidkrytyi

pencils

олівці
olivtsi

clock

годинник
hodynnyk

key

ключ
kliuch

book

книга
knyha

bed

ліжко
lizhko

crib

дитяче ліжко
dytiache lizhko

table

стіл
stil

chair

стілець
stilets

car

машина
mashyna

bike

велосипед
velosyped

plane

літак
litak

boat

човен
choven

train

потяг
potiah

helicopter

вертоліт
vertolit

firetruck

пожежна машина
pozhezhna mashyna

firefighter

пожежник
pozhezhnyk

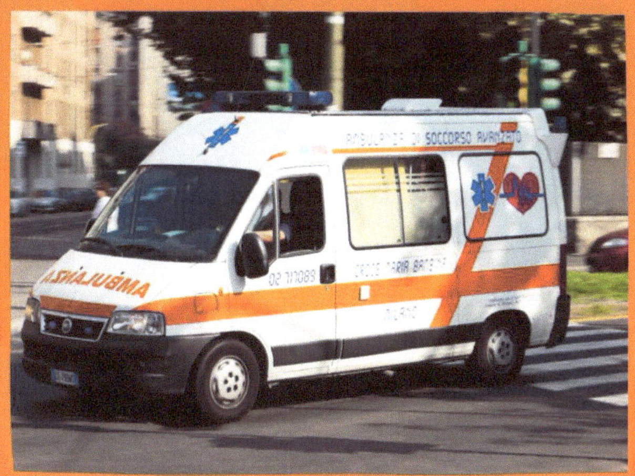

ambulance

швидка допомога

shvydka dopomoha

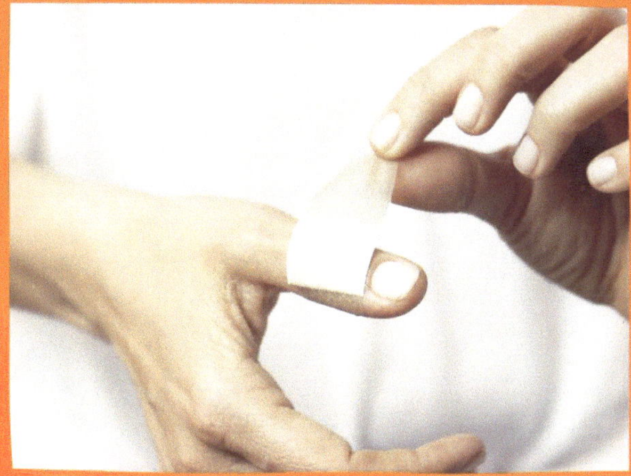

bandage

пластир

plastyr

paramedic

фельдшери

feldshery

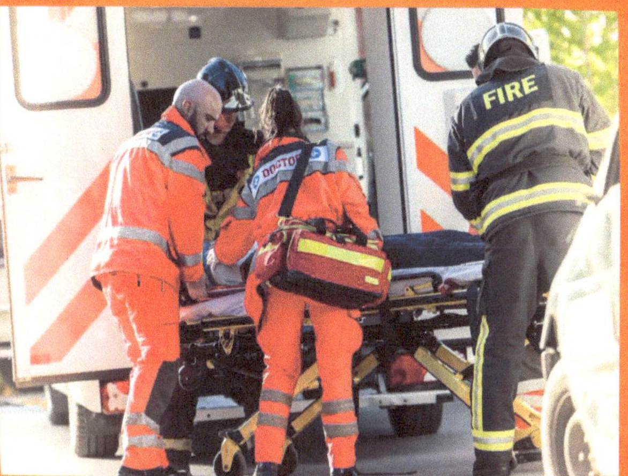

rescue team

команда рятувальників

komanda riatuvalnykiv

forest

ліс
lis

mountain

гора
hora

grass

трава
trava

sand

пісок
pisok

tree

дерево
derevo

flower

квітка
kvitka

butterfly

метелик
metelyk

ant

мураха
murakha

cat

кішка
kishka

dog

собака
sobaka

horse

кінь
kin

mouse

миша
mysha

cow

корова
korova

pig

свиня
svynia

sheep

вівця
vivtsia

duck

качка
kachka

goose

гусак
husak

rabbit

кролик
krolyk

fish

риба
ryba

vet

ветеринар
veterynar

doctor

лікар
likar

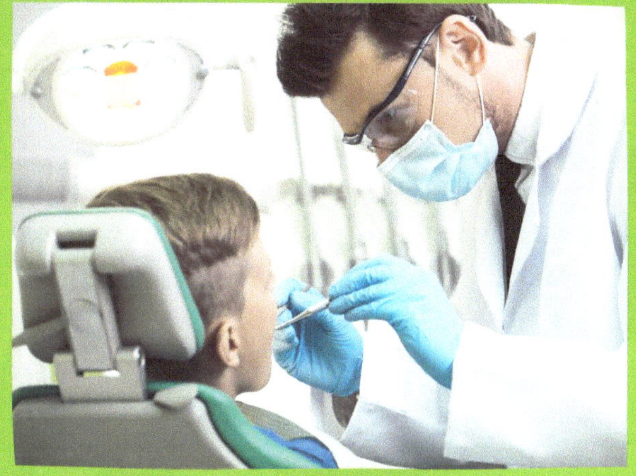

dentist

дантист
dantyst

pharmacist

фармацевт
farmatsevt

nurse

медсестра
medsestra

head

голова
holova

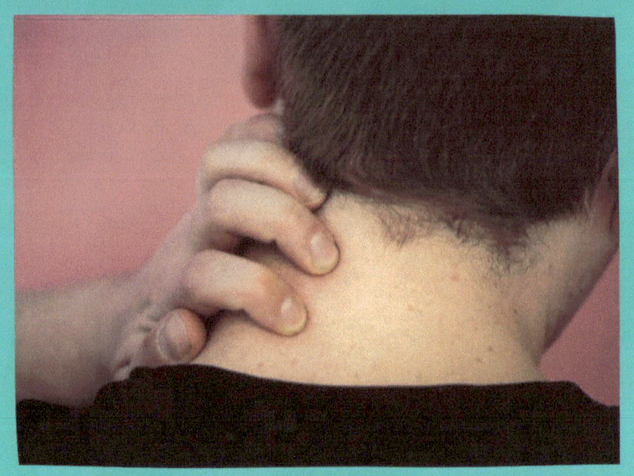

neck

шия
shyia

foot

стопа
stopa

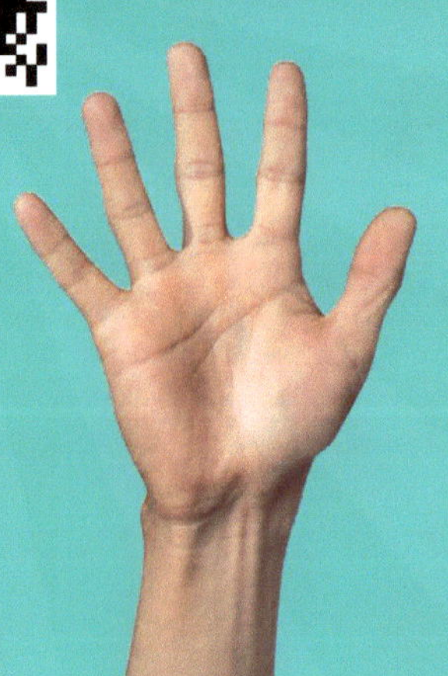

hand

кисть
kyst

teeth

зуби
zuby

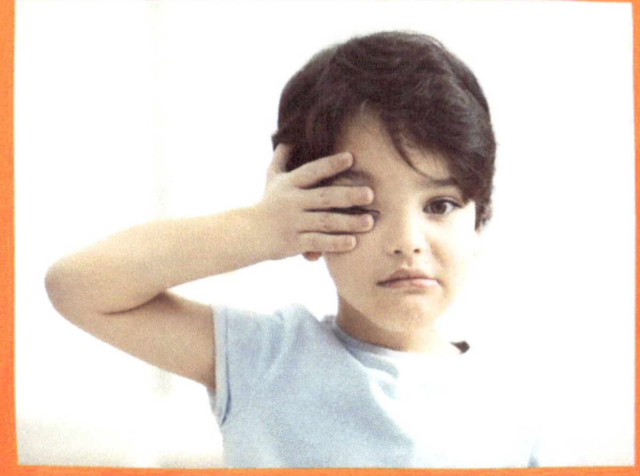

eye

око
oko

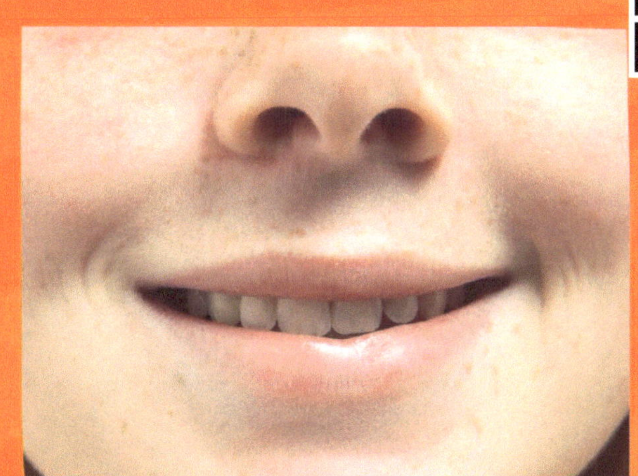

mouth

рот
rot

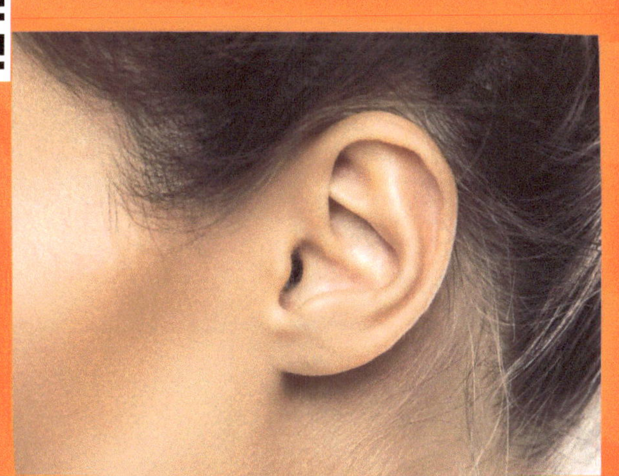

ear

вухо
vukho

hat

капелюх
kapeliukh

dress

сукня
suknia

pants

штани
shtany

shoes

черевики
cherevyky

coat

пальто
palto

scarf

шарф
sharf

umbrella

парасолька
parasolka

glasses

окуляри
okuliary

sun

сонце
sontse

cloudy

хмарно
khmarno

rainy

дощовий
doshchovyi

moon

місяць
misiats